edition taberna kritika

Die edition taberna kritika wird vom Bundesamt für Kultur (CH) mit einem Förderbeitrag für die Jahre 2019-2020 unterstützt.

Julia Haenni
kiosktexte

http://www.etkbooks.com/
Gestaltung: etkbooks, Bern
Coverillustration: Julia Haenni

Bibliografische Information der Deutschen Nationalbibliothek: Die Deutsche Nationalbibliothek verzeichnet diese Publikation in der Deutschen Nationalbibliografie; detaillierte bibliografische Daten sind im Internet über http://www.dnb.de abrufbar.

ISBN: 978-3-905846-58-4

Julia Haenni

kiosktexte

Mit einem Nachwort von
Fadrina Arpagaus

edition taberna kritika

kiosktexte. Das sind Texte, zu denen ich mich hab beauftragen lassen. Texte für den Moment, Gebrauchstexte, Bedürfnisbefriediger*innen, Konkrete Literatur. Eingekauft wie frische Kirschen auf dem St. Galler Marktplatz, bestellt neben Kaffee und Kuchen im Café im Zürcher Niederdorf, angefragt wie einen Termin per E-Mail, genossen neben Freiluftkonzerten am Openair. Hier und Jetzt. Immer wieder. An verschiedenen Orten sass ich und traf Leute virtuell oder live, die bestellten, was sie brauchten und lesen wollten und mir so indirekt etwas über sich erzählten. Mit wenig Zeit (die Texte sollten ja sofort geliefert werden) entstanden Manifeste, Geburtstagswünsche, Liebesbekundungen, Songs, Bewerbungstexte, Beschwerdebriefe, Inititativen, Dateanfragen, Tattoos, Beerdigungsreden, Dialoge für die Bühne, Kindergeschichten und vieles mehr. Texte, zu denen mich die Anfragen und ihre Menschen inspirierten. Texte, die ich vielleicht ohne diese Begegnungen nie oder nie so geschrieben hätte. Dieses Büchlein soll ein kleines Best Of dieser Texte sein und daran erinnern, was Literatur alles kann – als Austausch zwischen Leser*innen und Autor*innen, als Reaktion auf ein Jetzt und Hier, auf ganz konkrete Bedürfnisse – seien sie in der sogenannten Realität angesiedelt oder in einer anderen. Es soll daran erinnern, dass es Literatur braucht. Tagtäglich und überall. Wie eine Kippe am Kiosk. Oder ein Lottoschein. Oder ein Kaugummi. Oder ein Schokoriegel. Oder ein Kondom. Oder eine Zeitung. Oder eine SIM-Karte. Oder … Eben.

Julia Haenni

papi chaschmer säge wie gaz läbe?

wüsse
wüsse
wüsse
wüsse
wüsse
schafft
wüsse
schafft
wüsse
schafft
wüsse
schafft
wüsseschaft
wüsseschaft
wüsseschaft
wüsseschaft schafft wüsse schafft wüsseschaft schafft
wüsse schafft wüsseschaft schafft wüsse schafft wüsse-
schaft schafft wüsse schafft wüsseschaft schafft wüsse
schafft
geld
schafft wüsse schafft wüsse schafft wüsse schafft
geld
schafft wüsse schafft geld schafft wüsse schafft geld
schafft wüsse schafft geld schafft geld schafft geld
schafft geld schafft geld schafft geld schafft

macht
schafft wüsse schafft geld schafft macht schafft geld
schafft wüsse schafft macht schafft geld schafft macht
schafft geld schafft macht schafft geld
schafft
das wo zählt

aber papi! hä?

papi!?

ich weiss nöd wied welt gat papi wis läbe gat wid liebi
gat wi mer das macht mitem geld verdiene und er-
wachse wärde ich weiss nüt

macht nüt

das macht nüt
seid de papi

und macht de fernseh aa.

1 festivaltitel

OH BODY!

editorial OH BODY!- Festival

Dein Körper gehört dir.

Ok cool, endlich!

#Own it!

Ja voll!

Weil du darfst jetzt sein wer du sein willst, weisch!

Ja? Wirklich? Dann will ich mal in Ruhe überlegen wie ich...

Sei einfach du selbst, das ist alles!

Ähm...okay...

Love yourself and the rest will follow!

Ja ich weiss, aber..

BODYPOSITIVITY!

JA! ABER WO DENN WANN DENN WIE MACH ICH LERN ICH LEB ICH DAS DENN?

Endlich Zeit und Raum für den eigenen Körper... ihn sehen, entdecken, verstehen. Seine Kraft. Seine Lust. Und ja, auch seine Grenzen. Auf dass sie endlich alle erblühen die Körper in all ihren Farben und Facetten und Möglichkeiten. Auf dass sie zu kräftigen Felsen wachsen, zu fetten Frühlingswurzeln, zu grossen gemütlichen Häusern und zu leuchtenden Sternen am weiten weiten Horizont. Auf dass sie nicht mehr zu übersehen oder wegzudenken sind. Alle alle alle.

My body is a wonderland. Your body is a wonderland. Every body is a wonderland. Join.

wortidee für tattoo auf

sehr weissem oberschenkel

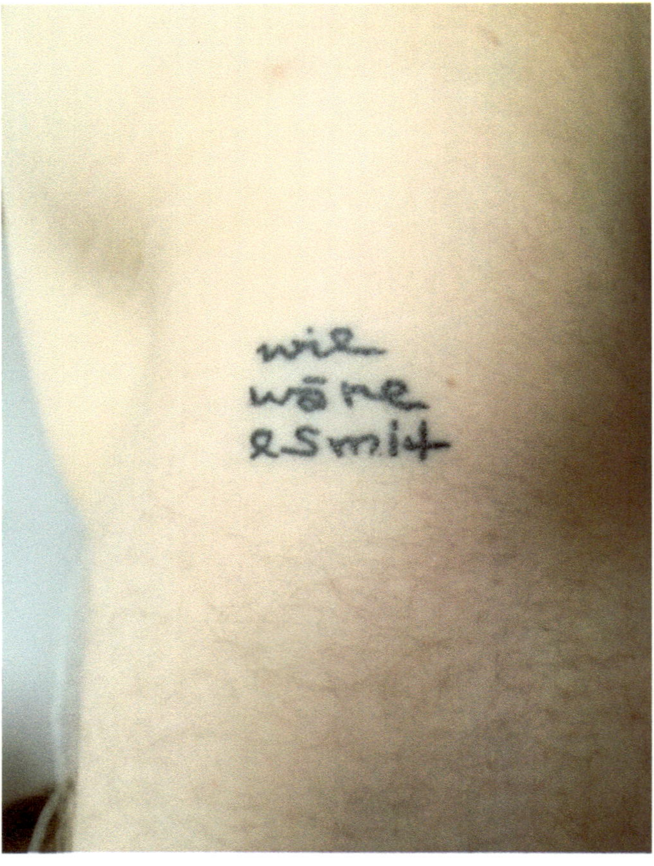

jetzt.

liebeshaiku

Überall Katzenbabies
mit grossen Augen hechelnd
mein Rudel bist du

dilemmaüberwindung

Oh stummes Dilemma!
Oh graues Schweigen dazu verdammend den Lauf des Lebens anzuhalten, ah!
Oh Bibliothek warum hier wo sonst so lebensleer?
Oh stummes Herz mein liebes, du hast es schwer!

Aufstehen will ich und gross sagen:
Du fällst mir gut auf seit Tagen
Aber ich darf nichts an diesem Ort nur Schweigen
Ich muss mich hier den Psst-Regeln neigen

Aufstehen will ich und laut schreien:
Du da drüben um dich will ich freien (ja das können auch Frauen)
Aber wie nur soll das gehn?
Hier drin wo alle jedes Mückschen böse ansehn?

Ach du hübsches Gegenüber!
Wärs nicht schad wärs ungesagt vorüber?
Hilf mir aus dem Dilemma aufs gsprächige Ufer hinüber!

äh

Zum Beispiel bei einem Kafi beim Beck über d'Straas drüber

Hiufsch?

☐ Am Vieri.
☐ Oder am beschte grad jetzt.

(Bitte ankreuzen)

bestseller

das hier ist super

das hier ist schön

das hier ist simpel und sachlich und ja auch ein bisschen sexy
ziemlich sexy um genau zu sein

und das waren erst die worte mit s

so watch out

i tell you

you better watch OUT NOW!

weil das hier

das gefällt nicht nur dir

damit kannst nicht nur du was anfangen

damit kann sich jede und jeder IDENTIFIZIEREN

so an der einen oder anderen stelle oder sagen wir ecke

da denkt jede und jeder

DAS HAT JETZT WIRKLICH MAL ETWAS MIT MIR ZU TUN DAS KENN ICH DAS HAB ICH AUCH SCHON ERLEBT GENAUSO AUCH SCHON ERLEBT

ich konnte das aber nie so

formulieren

irgendwie

krass

das

ja

das spricht mir aus der seele!

das hab ich angefangen ja

und dann nicht mehr weggelegt bis ich jedes wort in mich reingesaugt hatte jede seite aufgeleckt gierig eingesogen eingeatmet durch mein herz gepumpt in jede faser meines körpers schwimmen lassen mit tempo ja mit einem tempo das kannst du dir gar nicht vorstellen

ich wusste gar nicht dass mein körper noch zu derartigen tempi fähig ist

nein

das kannst du dir nicht vorstellen

bis zur letzten seite gefressengesoffeninhaliertgevögeltGELEBT als gäbs kein morgen

dieses buch hat mein leben verändert!

aber du weisst es ist nicht so

gefühlslabberei

es bringt die sache auf den punkt

sachlich und klar

ja pragmatisch

kein sturm und drang keine blumigeworteinmeineno-
hrenausdeinembusenachs keine worteverziererei mit
unnötigen wortlampions blinkend darüber hinweg-
täuschend dass es halt doch auch einfach wieder eine
liebesgeschichte ist eine geschichte einer nicht erwi-
derten oder gegen die wand gekarrten liebe er will sie
sie will ihn nicht sie will ihn er kann nicht
und so weiter blablabla

NEIN

simpel ist das hier

simpel und klar

und für jeden und jede verständlich

und nicht zu kritisch

nein auf keinen fall zu kritisch

meine meinung will ich mir dann schon noch selber
machen dürfen

nein

zu kritisch nicht

ich bin auch bequem

ja handlich

taschenformat

auch als E erhältlich

und als hörspiel

ich mein wer will denn heute noch lesen also ich meine wer hat noch wirklich zeit zu lesen

nein hören ist das neue lesen

kann man beim joggen beim arbeiten ja und meine-simple gleichmässige struktur die ermöglicht es auch dass man nebenher autofahren telefonieren arbeiten ficken oder schlafen kann ja schlafen das kommt ja weiss gott oft zu kurz

ich bin das ideale geschenk

für hochzeitengeburtstagsweihnachtseinweihungs-oderandereweihfeiern mit irgendwelchen verwandten oder mitarbeiter*innen die man gar nicht wirklich kennt aber man kann ja trotzdem nicht mit leeren händen

ich bin auch billig

äh nein nicht billig wie sagt man

günstig

preiswert

ja das mein ich

günstig produziert in china

ja china

aufstrebendes wirtschaftsland wirtschaftswunder

wahnsinn was die leisten

so schnell

WAHNSINN

heute bestellen

morgen da

das muss schnell gehen und das geht es!

ich bin an einem tag durch man kann mich immer wieder lesen ich gebe dir das gefühl des neuen im alten immer wieder wie eine gute alte klassische beziehung nimm mich kauf mich friss mich in dich rein fick mich immer und immer wieder ich bin das was du willst ich bin das was du brauchst ich bin dein best-seller

OUT NOW.

suppen und andere beziehungskitts

Iii neeii
das isch hönne versauze
Iii neeii
das verbrönnt mer mini schnauze
Iii wääh
bisch de verliebt oder öpe was?
II wähh
das het kes gsunds mas me das
nei eehrlich
du chasch doch ned dini gfüu i üsi suppe inelaa
nei eehrlich
mer brucht doch ä aständigi suppe pro tag so aus maa
momänt
heisst das öpe dis härz isch uf wanderschaft uufbro-
che?
momänt
heisst das öpe du leisch baud dschue aa u geisch äswo
angersch go choche?
Iii neeii bitte ned
es tuet mer leid ich näm jedi suppe!
Iii neeii bitte ned
i mach aus iss aus säge niemeh nüt we du bliibsch
mini puppe!
i säge
nei dini suppe dini suppe isch die bescht wos öpe git!

i säge
puppe puppe das muess häbe aus beziehigskitt!

chum baby chum
was wosch meh aus eine wo ehrlich dini suppe ma?
chum baby chum
was wosch meh aus eine wo di ned wet la ga?

auso!
ässemer wiiter
auso!
es isch auä gschiiter
u när?
när schlafemer
u när?
när stöhmer wieder uf
u när schlafemer u när stömer wieder uf u när
schlafemer u när stömer wieder uf
wie jede sauzig tag
wie jede sauzig tag
u wie nomau einisch e sauzige tag
aber immer
immer immer ir hoffnig
es gäb de o mau no
e suässä

(zum dessärt.)

überlegungen zur farbe grün
(#4 und #5)

#4

grün brächte der wald die luft zurück ins herz

#5

grün erinnert die flasche
daran

hofft auf den wechsel
der jedem winter folgt

dabei weiss sies doch

7 mal 5

onkelchen
jetzt wirst du 75
und die welt ist immer noch jung
7 mal 5 nein 5 mal 7
nein
mathe war nie mein lieblings
aber du schon

onkelchen
jetzt wirst du 75
und die welt ist immer noch dumm
7 mal 5 mal 365 tage das sind gelebte 27 tausend und
nein
mathe war nie mein lieblings
aber du schon
du schon

onkelchen
jetzt wirst du 75
und die welt ist immer noch nicht fassbar
5 mal 7 mal 365 mal 24 das sind äh puh 6 millionen
und ein paar verquetschte
moment nein
mathe war nie mein lieblings

aber du schon
du schon du schon

onkelchen
mein lieblings
alles gute
7 mal 5 mal 7

mindestens.

zimtchen und pfefferchen.

eine weihnachtsgeschichte, die aber auch sonst unter dem jahr fetzt

Es war einmal ein Zimtchen
Ja ein Zimtchen
Das ist ein Teil Zimt
weiblich in diesem Fall
Und Zimtchen
Zimtchen hatte grosse Angst
weil es war Oktober
Und es wusste
bald kommt die Weihnachtszeit
Und dann werd ich wieder im Übermass gebraucht
Und meistens eben im Übermass
also so
dass ich danach total verbraucht bin
aufgebraucht
und Monate brauche um meine Batterien (oder sagen wir meinen Inhalt)
wieder aufzuladen
herzustellen
mich wieder brauchbar zu machen
nein wirklich letztes Mal hat mich das so ausgesaugt
monatelang lag ich in meinem Zimtbett
und konnte nur schlafen
und dabei gäbe es doch noch anderes in so einem Zimtleben
als Zimtarbeit und Zimtschlaf
und gebraucht werden von anderen
für anderer Menschen Kekse herhalten
das kann doch nicht alles sein

es gibt doch wirklich noch anderes in so einem
Zimtleben!
Ja Zimtliebe zum Beispiel!
Zimtfreundschaft!
Aber wie soll ich denn jemanden kennenlernen, wenn
ich die ganze Zeit gebraucht werde?
Wie soll das denn gehen eso?
Nei nei ach

Dem Zimtchen war Angst und Bang
Es spürte, dass sich mal etwas ändern musste dieses
Jahr also diesmal jetzt wirklich
Aber was tun?
Abhauen?
Aber wo sollte es denn hin so ein Zimtchen?
Und konnte es das verantworten?
Weihnachten ohne Zimtchen?
Ihr fielen die vielen Kinderaugen ein, die enttäuscht
dreinschauen würden
Die Mütter und Väter die sagen würden ist halt nur
ein Butterkeks aber das isch doch au fein
(und sich dabei selbst nicht so wirklich glauben wür-
den)
und das zerriss dem Zimtchen das Herz
diese Vorstellung

Wenn es sich nur irgendwie zusammentun könnte?
Weil zusammensein mit jemandem
das wollte es ja

Und wenn man sich zusammentut ist man nicht nur
weniger allein
sondern auch stärker weil man ja zu zweit gebraucht
wird (?)

Aber wo nur jemanden finden?
Und wen bloss? Wen?
Das Zimtchen lag im Bett und dachte nach
Nächtelang dachte es
Sehnte es
Träumte es
von einem Gewürzpartnerchen

Und dann
Als es schon Dezember war
Und das Zimtchen schon fast nicht mehr daran glaubte dass da ein Gewürzchen vielleicht war
mit dem man sich vermischen konnte
Und es schon auf Äpfel und in Kuchenteige geschüttelt wurde dass ihm schwindlig wurde
stand plötzlich der Herr Pfeffer auf dem Tisch
Man weiss nicht wie er da hingekommen war
Irgendeine glatte Person hatte offensichtlich die Idee
Pfeffer und Zimt in den gleichen Backteig zu mischen
Wahrscheinlich hatte die Person die sogenannten
Rezepte verwechselt und Pfeffernüsse und Zimtsterne
irgendwie durcheinandergebracht
Vielleicht war es aber auch eine erfinderische Person,
die dachte, so mal was neues

Es ist eigentlich unwichtig
wichtig ist:
So lernten sich Pfeffer und Zimtchen kennen
und vermischten sich
und waren von dort an unzertrennlich
und sehr sehr glücklich.

und prägten die Kekse mindestens einer ganzen Generation (Zimtnüsse? Pfeffersterne? Zimtpfeffernusssterne?)

wenn nicht mehrerer.

lurch

sorry
du gsesch us winen lurch

aber das isch nöd eso schlimm

wil weisch

lurche

die sie wiud
die bisse
die züngele
die wächsle vilich sogar d farb

äbe
lurche fäge.

ä schwiizergschicht

eine italienerin, die seit mindestens 40 jahren in der schweiz ist und grade einen mühseligen einbürgerungstest hinter sich hat, wobei ihr name hundertmal falsch gesagt wurde und eine russin, die auch irgendwann einmal möglichst bald den schweizer pass möchte und sich hilfe bei der italienerin äh schweizerin holt (ja beresina klingelt und das ist ein erweiterungsvorschlag bei allem respekt.)

d schwiiz

jaa

schön

d schwiiz

ja

isch sie

ja

d schwiiz

wär si

d' schwiiz

ja

-

-

-

also aagfange het das alles ja mit em chuereihe

mit was?

mit dem kuhreihen

einer reihe von kühen?

ja kann man so sagen mit den kühen hat das ganze schlamassel angefangen

weil die kuh die war vor der milch

äh… genau

und vor dem heimweh dass die grundlage der schweiz ist

und auch das der russen

und der italiener

und russinnnen

und italienerinnen

und allen

ja

-

-

-

aber die schweizer

INNEN?

die schweizer und ein bisschen schweizerinnen also so als die die maximum mit im bild standen mehr ging da ja nicht also die die haben wie soll ich sagen sie haben es gepachtet das heimweh sie haben es nämlich erfunden das heimweh erfunden?

ja das heimweh erfunden

das kann man doch nicht erfinden das heimweh das hat man oder hat man nicht

jaa

oder?

ja oder man hat es nur wenn man weg von zuhause ist

ja und die urschweizer die waren ja eben nie weg von zu hause das ist ja das problem!

doch! die waren eben auch voll viel und oft weg von zu hause wie alle anderen auch genauso wie wir jetzt die waren ständig wieder irgendwo anders oder zumindest sicher nicht immer da wo sie zufällig hingeboren wurden… wegen arbeit und so

wie wir zum beispiel jetzt

ja genau wie wir jetzt zum beispiel

…

naja aber wie soll man sagen die schweizer

INNEN

ja, die haben da ein schweizerkreuz draufgemalt auf das heimweh ein bergpanorama und ein paar hirten und sennen und so romantisches zeug was alles andere ausblendete und eben auch die kühe und dann haben sie gesagt so das heimweh das gehört imfall uns weil wir haben die kühe

aha?

ja so war das

-

-

-

die kühe sind also der ursprung der schweiz?

kann man so sagen

die waren also vor den menschen da?

nein natürlich nicht, da waren auch irgendwann mal noch römer also italiener eigentlich ... wie ich

auch russen?

ja später dann

später gabs hier russen? geil!

naja nicht so direkt sagen wir eher so in den köpfen

hä?

naja also so als alles schiss hatten dass der kommunismus kommt also dass die sowjetunion hier einmarschiert und sie die leute bespitzelt und fichen angelegt haben über alle die bisschen nicht freisinnig waren und das kann ja viel heissen

die sowjetunion hat sich doch nicht für die schweiz interessiert!? dieses miniländli?

naja es wurden irgendwann so pläne gefunden wo die brücken ausgemessen haben in der schweiz

aha sehr aussagekräftig

und es gab halt leute – gerade während dem generalstreik die kommunistisch gesinnt waren und man dachte die wollen hier eine revolution machen wie in der sowjetunion und da hat man dann auch gleich ein paar streikende einfach totgeschossen zur sicherheit

wurde aber natürlich nicht aufgeklärt?

nein also die schiessenden militärs wurden in schutz genommen böse arbeiter und so

das übliche

ja

-

-

-

und der lenin der war immerhin einmal da im zimmerwald bei einer schweizer versammlung von kommunisten und hat gesagt ich will eine fette revolution machen überall also auch hier

echt?

lenin war hier?

ja!

geil!

ist aber nichts draus geworden

nein?

nein weil die schweizer

und schweizerinnen?

naja waren eher nur schweizER

das mit den frauen in der politik das hat ja hier echt sehr lange gedauert

mhm

-

-

die schweizER haben also gesagt nein los mal lenin das ist uns zu krass wir machen da nicht so volles programm das ist zu radikal wir wollen nur bizli sozialismus nicht den ganzen seich

so wie immer ... nur ein bizli und nicht zu viel jaaa nicht zu viel

genau

ist vielleicht auch besser so

ich weiss nicht so genau

-

-

-

aber wir sollten besser über die kühe reden und nicht über den lenin

ja?

weil das mit lenin also das würd ich nicht sagen bei der aufnahmeprüfung

aufnahmePRÜFUNG?

also bei dem gespräch wo die dann entscheiden wie lange und wie fix du hier bleiben darfst

aber das sind doch historische facts

ja aber

und ist doch hier politische meinungsfreiheit?

ja aber

deswegen bin ich doch hier

ja aber

-

-

aber was?

-

lass uns lieber über die kühe sprechen

-

du solltest dort besser über die kühe sprechen

oder die vereine

ja oder die vereine! sehr gut! bist du denn in einem verein?

nein

warum nicht?

ich arbeite wann soll ich denn in einen verein?

naja abends oder

und was für einen verein?

schwimmen? nähen? gemeinnützige arbeit? oder so abendkurse zbsp wo die geschichte der schweiz diskutiert wird und ihre tradition und werte

ah das ist gut

ja

wie wir jetzt

ja wie wir jetzt

soll ich das sagen

-

-

lass uns über die kühe sprechen

-

-

ok

also die kuhreihe

ok

eine reihe von kühen die es da immer gab in der schweiz

ok

und die man ja am abend eintreiben musste oder am morgen oder so

ok

und dazu haben die hirten ein lied gesungen so ein sennenlied mit dem sie die kühe rufen also sie zählen die einzelnen kühe so auf und dann erzählt der senn noch so ein bisschen was aus seinem sennenleben

oder die sennerin?

mhm weiss ich jetzt nicht die kommt da eigentlich nicht vor bei dem heimweh

aber heidi hat doch auch heimweh

ja aber die kommt erst viel später

ok

und sie wurde von einer frau geschrieben

die ziemlich berühmt war

ok cool

johanna spyri

ok cool

aber nicht so berühmt dass sie in den schweizer dokumentationen über die geschichte der schweiz vorkommt

nein?

auch 2012 nicht beim schweizer fernsehen da kamen nur wichtige männliche protagonisten vor

ok nicht cool

zwingli und so halt

-

und so tell leute

-

so stilisierte helden halt

-

-

-

und die frauen also einige haben sich dann beschwert und gesagt moment mal das ist doch nicht DIE geschichte der schweiz wo sind denn da die frauen

und?

die antwort war: "*... man habe die Frauen, die die Schweizer Geschichte im Hintergrund prägten, nicht in den Vordergrund rücken können, weil man damit das Publikum nicht abholen könne.*»

wie bitte

ja

2012 war das

-

es gab aber dann ein rahmenprogramm mit frauenfiguren

wow

ja

wow

-

-

-

aber das solltest du nicht sagen sowas du solltest über die kühe und das heimweh sprechen und solche sachen

ok

-

-

jedenfalls die sennen haben jeden abend mit dem kuhreihen die kühe herbeigerufen und haben deshalb den kuhreihen sehr lieb gehabt

ok

und dann waren sie söldner in kriegen von anderen mächten ... eben wegen arbeit und kein geld und so... die wurden tausendfach als kanonenfutter verschickt irgendwohin weil man sagte die kämpfen gut und fragen nicht nach bei allem grausigen

was echt?

ja und das heisst dann neutral. jedenfalls haben die immer den kuhreihen gesungen in der ferne und sind dann ganz traurig geworden und melancholisch so dass man eben dann rausgefunden hat dass es diese krankheit gibt das heimweh

nach den bergen und den seen und den kühen

genau

und das wurde dann verboten dass die das lied singen

warum?

naja weil die dann nicht mehr kämpfen wollten sondern nur melancholisch rumlagen

verständlich

mhm

eigentlich ganz cool, die haben damals schon ein neues anderes männerbild geprägt

mhm

damals

ja damals…

-

-

und was singen die genau da in dem lied?

sie singen komm du weisse komm du schwarze und du rote danach und am schluss die mit dem stern

die mit dem stern?

ja weiss ich jetzt auch nicht so genau was das bedeutet

die schwarzen und die roten und die mit dem stern? echt jetzt?

ja?

das kann man doch nicht einfach so singen ohne… also ich mein … vielleicht war das ein geheimer hinweis? ein aufruf zur revolution? ja, der anfang der sozialistischen revolution? das würde auch erklären warum es verboten wurde!

ich weiss nicht so genau

die roten und die mit dem stern??????? die weissen zuerst??? also ich weiss nicht das kann man doch nicht einfach so sagen ohne an … da ist eine geheime message drin, ganz klar!! so hört her das ist nicht gerecht, die weissen kommen immer zuerst dran, merkt auf, da stimmt doch was nicht! und die mit dem stern sind wieder dies verarscht. wehret euch ihr unterdrückten! vereinet euch!

meinst du?

könnte sein!

ja könnte schon sein

-

-

das wäre ja dann also

das wäre

das wäre ziemlich geil!

ja!

die sennen haben heimlich eine revolution ausgerufen!

wie bei tell später auch!

aber war tell sozialist?

puh ich weiss jetzt nicht so genau

naja er hat sich für die rechten der armen leute eingesetzt oder?

ja aber der hat einfach nur drauflosgeschossen und mehr nicht

heldenhaft drauflosgeschossen

ja heldenhaft drauflosgeschossen aber

-

aber weisst du die ganzen brüder die da auf dem rütli geschworen haben die haben die sachen diskutiert überlegt geplant. tell hat dann nur am ende den typen abgeknallt, mehr nicht. und die die geschworen haben auf dem rütli und die ganze revolution und so – das kam nur weil die frau von dem einen gesagt hat du ihr müsst doch jetzt was machen und du bist doch ein richtiger mann der das nicht auf sich sitzen lässt wenn die obrigkeit so fies zu allen ist und ich hab dich doch geheiratet weil ich das an dir toll finde und so und ich würd ja

also die frau wars

ja frau stauffacher

geil

frau stauffacher

warum gibts keine statuen von der?

weiss nicht

naja dafür wurde dann kurz darauf das frauenstimmrecht eingeführt stimmt

war ihr verdienst eigentlich

ja

weil die nach dem rütli gesagt hat los emal stauffacher my man das ist einfach nicht so geil wenn ich hier so die inputs gebe für euch und ja ich weiss meine rolle ist zuhause und so voll viel verständnis für dich haben und so aber dann räumt ihr hier die ganzen preise ab? und vor allem: ihr schwört ohne uns ... wir kommen da einfach gar nicht vor. das ist bizli unfair if i may say so.

ein freies volk von brüdern oder wie war das

rütlischwur here we go: *Wir wollen sein ein einzig Volk von Brüdern, in keiner Not uns trennen und Gefahr. Wir wollen frei sein, wie die Väter waren, eher den Tod, als in der Knechtschaft leben. Wir wollen trauen auf den höchsten Gott und uns nicht fürchten vor der Macht der Menschen.*

frei wie die väter waren? los emal stauffacher sagte die stauffacherin da komm ich nicht vor und meine mama nicht und deine mama auch nicht (wahrscheinlich hat ihn das dann überzeugt) wir alle nicht das ist doch bizli blöd oder nöd?

ja das sagte die stauffacherin und würde berühmt damit!

ja?

ja! und spät aber doch kam sie zu ihrer ehre spätestens als dann das frauenstimmrecht eingeführt wurde

1971

genau

ist schon recht spät

ja ziemlich

aber immerhin

noch vor der sowjetunion

und deutschland

die erst eine fette revolution brauchten um das durchzusetzen

nein die schwiizer brauchten nur tell und so

also du meinst die stauffacherin

genau

und dieses “ein einzig volk von brüdern und schwestern und so”

womit die schweiz sich bis heute präsentiert

und weil das so tief tief drin ist in uns allen also in ihnen den schweizerInnen haben wir das auch nie wieder vergessen

nein

und wir sind dankbar dafür

korrekt

und bewundern die schweiz

korrekt

denn wo immer ein land unfrei mit seinen menschen umgeht

setzt sich die schweiz ein

ja

denn die schweiz kann es sich leisten

genau

und setzt den standard hoch für alle anderen länder

die schweiz ist gegen krieg

ja

immer

nach stauffacherin und wilhelm tell nie wieder

genau

und der schlacht von morgarten

genau!

die es vielleicht gar nicht gab aber das ist egal hauptsache alle strassen heissen so und wir haben was zu erzählen

richtig

vom tell und co

genau. zitat tell.ch: die geschichte von tell hat in unserem gedächtnis einen angemessenen platz frei. denn der kampf der freiheit geht weiter. wo immer auf unserer welt die freiheit der menschen unterdrückt wird, lodert der wille für freiheit der menschen auf und fordert das ende ihrer tyrannenmacht

fragt sich nur wieso das ausgerechnet die svp für ihre rassistische und sexistische machtpolitik nutzt!??? und ab und zu so bands einlädt an ihre parteitage die willy tell heissen.

ich glaube die svp die hat einfach nicht verstanden worums hier geht

und weil wir die alle so tief in uns drin haben die glaubenssätze der stauffacherin die die basis der schweiz legte als frau

auch wenn es noch einige wenige übriggebliebene gibt, die immer noch denken der bärtige dreckige tölpel tell habe die schweiz zu dem gemacht, was sie ist

genau

sind die allermeisten schweizer und schweizerinnen stolz auf die stauffacherin und das wofür sie steht und zu was sie die schweiz inspiriert hat

zu einem vorzeigeland

jawoll

und weil das so ist sind die letzten svp-übriggeblieben auch keine reale gefahr mehr ich mein wer wählt die schon das lässt sich ja überhaupt nicht vereinbaren mit den glaubensätzen der stauffacherin

genau

die schweiz ist ein vorzeigeland ein revolutionäres vorzeigeland in dem die freiheit aller in ihr lebenden menschen an oberster stelle steht

und deshalb bleibt sie auch immer neutral

-

-

ähm

richtig?

-

-

-

ist das eine fangfrage?

-

-

-

nein ich

-

sag einfach ja sag ja falls die das fragen bei der aufnahmeprüfung

-

-

stolz neutral zu sein

genau

und punkt

da lieber nicht tiefer drauf eingehen

ok

sonst gibts noch fangfragen

-

-

ok

-

-

die schweiz bleibt neutral ist neutral weil ihr die freiheit der unterdrückten am herz liegt wie eh und je

genau

und wenn so machthaber aus anderen ländern kommen die ihr volk unterdrücken und dann bei der schweiz einschleimen kommen zbsp weil sie waffendeals machen wollen

zum beispiel

dann sagen die sauberen schweizer mit blick auf die stauffacherin

vergiss es boy!

freiheit der brüder

und schwestern

und allen

got it?

genau

die ist uns wichtig da machen wir nicht mit bei euch bei dem krummen zeug was eure männer und frauen

und alle

ausbeutet

korrekt

geh deinen dreck woanders waschen

haben die schweizer ja auch im zweiten weltkrieg
gemacht

genau

und in den kolonien

genau

und das hat sich dann auch auf die konzerne ausgewirkt
bis heute

die haben gesagt

jawoll

machen wir nicht mit bei der ausbeutung der anderen

nein nein nein

einig volk von brüdern und schwestern und allen

kein assischeiss mehr seit tell äh stauffacherin!

GOT IT?

und deswegen dürfen auch alle herkommen

weil die schweiz weiss wie sehr viele menschen unter
staatskonstruktionen existentiell zu leiden und bangen

haben. staatskonstruktionen die ihre basis eben nicht auf der idee ein freies volk von brüdern und schwestern und allen hat! vor allem von schwestern und allen nicht.

genau

und die schweiz wurde zum land das am meisten flüchtlinge aufnimmt

ja!

wir haben das geld wir können uns die freiheit der menschen leisten wir glauben an die freiheit der menschen

seit der stauffacherin

und wir verurteilen alle alle alle die das nicht tun und die menschen wie hunde behandeln wie es einst die landvögte taten die nur darauf aus waren mehr macht zu haben und da waren halt ein paar menschen im weg

wir stellen uns hin und sagen nein nein nein ich mache keinen knicks vor dem hut der anderen reichen

jawoll!

auch wenn ich von ihnen abhängig bin!

jawoll!

irgendwo muss ja auch einfach mal eine haltung bezogen werden eine grenze gezogen und gesagt werden so geht das einfach nicht das sind nicht die werte die wir vertreten wollen

genau!

wie es einst die stauffacherin zu ihrem mann sagte und damit den rütlischwur auslöste

und nach der der platz in zürich benannt ist
der stauffacherinplatz

genau

und deren statuen

die statuen einer starken für die freiheit aller
aufbegehrenden frau

überall zu sehen sind

und ein vorbild sind und bleiben

für junge frauen und männer und alle

die sich für eine bessere welt einsetzen.

sie sind ganz gerührt.

schön die schwiiz

ja

so schön

so schön schön schön

chönts si

-

-

-

to be continued, that thinking

sandkorngedanken

der
sand
rauscht
durch
die
schleuse
tag
für
tag
für
tag
rinnt
sie
die
zeit
durch
die
finger
und
bald
ruhst
auch
du
sandkorn

.

der herbst der abschied

du bist gegangen im herbst
als eines der blätter
die sich in wunderschöne farben verwandeln
im wind rascheln langsam den stiel dünner
werden lassen der sie noch am baum des lebens
festhält und
dann kam der wind und löste den stiel
und du tanztest sanft vom ast herab auf die erde
zurück
wo du warm umfasst wirst
wenn jetzt
der winter
auf uns zukommt
wissen wir
du strahlst warm aus dem boden heraus
kribbelst als ahnung in unsere füsse hinein
so dass wir uns freuen können
auf den frühling

der hall der hall e
(dramaturgy of deconstruction 1 - 3)

der hall
der hall e
das e
des reiters
das ei
war
auch h

ie

r

REITHALLE

REIT

HALLE

REI

HALL

EI

ALL

E

A

E A

E A TT

E A TT RRRR

LLLLLLL E A TTT RRRR

LLLLLLL E IIIII A TTT RRRR

RRRRRRRRRRRRRRRRRRRRRRRRRRRRRRRRRRRRRRRR

R

E

I

T

HALL

E

übrig bleibt der Bass im Ohr das hallende E
der Hufen von damals die Schweiz
Als Fahne die jetzt weggeworfen wird das Holz der
Geruch
der Ewigkeit die singenden Farben
der Erinnerung das helle Licht der Scheinwerfer
die ins Auge zünden bis ganz tief wo die Funken der
Zerstörungswut revolutionär
in die Herzen tropft

übrig bleibt die Sonnenblume des Sommers frisch
bis des übernächsten Herbstes neue Leben
neue Töne neue Lichter
neue Funken
in die Herzen ~~hineindekonstruiert~~ revolutioniert.

hundertföifi.

text für ein haus

hundertföifi
(das isch für dich)

hundertföifi chum

chum mer werdet chli warm mitenand
chum mer heized eus chli uuf
chum mir straled echli

us dere hüserziile use
über die gleis drüber
über de mäanderndi vercher drüber
luut lüüter wärmer
über die veränderige hinweg
über die stadt und das viereckliland hinuus
rund lüchtend heiss

hundertföifi
chum mer zeiged dere alles gseht glich us mir wend
hip sie wie berlin new york paris hend aber me stutz
und weniger style also chaufemer eus de eifach und
rotted d freirüüm wo würkli no würd öpis glitzernds
individuells keime us wil die künschtler simer mal
ehrlich die stinked und rauched most of the day
kurbled nöd am rad bringed dem syschtem nöd ihre
ateil bringed kein realtime success will sie vill vill vill
vill zvill ziit mit natenke verbringed mer bruuched
schnelli idee pop up idee das isch das wo mier
bruched d konkurrenz in berlin new york paris die

schlaft nöd die schlaft nie wenig ziit vill leischtig real-
realtime success schnell und dreckig wie guete sex live
fast die young be succesful be your own curator be
yourself but look like a scandinavian model and style
your flat like a copenhagen designer family
appartement you've found in a magazine and share it
with many strangers on insta usw

hundertföifi chum

chum mer zeiged de arschfinger
und die warmi schultere

chum mir heized mal chlii uf
i dem grau wo so fescht probiert keis grau zsii

chum mer lüüchtet

und chum mir bränned
wieder mal richtig für öppis

mis paradis. isch überall

du luegsch mis aug
du trinksch mis ohr
du issisch mini zunge weni chum
und ich chum immer wieder
zrugg
immer wieder

like a rolling stone

zu dir is paradies

du färbsch mini hut
du tanzisch mis mul
und du lachsch mis hirni weni chum
und ich chum immer wieder
hi und zrugg
immer wieder

like a rolling stone

zu dir mis paradis

mis paradis mis paradis
rot und blau und gäl und pink
paris paris mis paradis südafrika sri lanka kamerun
mailand odessa mis paradis mis paradis
ich gang hi und ich chum zrugg
immer wieder
immer wieder
mis paradis
mis paradis

isch überall.

Eine neue Ährา

Bin gleich wieder da.
Ich hole nur schnell die Requisiten vom Progr rüber.
Sag ich.
Guten Mutes und ohne zu ahnen, dass das gar nicht so einfach werden wird.
Ich komm unten schon wieder rein da seitlich bei der Glastür oder?
OUU nein das ist schwierig. Sagen die TechnikerInnen. OUU ähm du kennst dich nicht aus im Haus hier? Aha!
Fragen sie, als ob sie nicht wüssten, dass sie mich noch nie gesehen haben im Leben und wir gerade zum ersten Mal zusammen arbeiten.
Wobei…

OUU das ist wüki nicht einfach. Mhm ... also am besten ... also Treppe runter dann links, dann rechts, dann links, dann hinter der Bühne durch oder warte, proben die gerade? Du da müsst ich schnell jemanden anrufen.
Nein nein. Ich winke ab. Schon gut, ich schaff das schon.
Das wird doch nicht so kompliziert sein. Denk ich mir. Typisch Stadttheater. Gross und kompliziert wenns doch auch einfach ginge. Denk ich mir vorurteilsbeladen wie ich freie Szene-gewöhnte, -verliebte und -geprügelte dann doch bin. Ausserdem war ich schon mal hier so vor zehn Jahren ungefähr. Ja da hab ich mal ein Praktikum hier gemacht. Hab ich vorhin auch allen schon rumerzählt so zum connecten. Also dass ich jetzt sozusagen nicht ganz neu bin hier sondern eher so back to the roots oder so irgendwas.

Ich werde das schon finden, sag ich stolz und selbstbewusst und weiss, dass die das auch ein bisschen von mir erwarten so eine Art Haltung.

Auch vorhin, als ich ankam und 2 LichttechnikerInnen und 2 Tonmenschen bereits seit fünf bis zehn Minuten darauf warteten von mir, die natürlich fünf bis zehn Minuten zu spät war, klare und zielgrade Anweisungen zu bekommen für das Einrichten.
4 TechnikerInnen nur für mich! Wow! Okay! Never had THAT before.
Und diese vier TechnikerInnen arbeiten jetzt also da für meinen Abend und klettern im Raum herum und rufen mir zu also bis gleich und dies ein bisschen skeptischer als ich mir das gewünscht hätte nach meinem selbstbewussten und stolzen Bis Nacher!
Als ob das so schwierig wäre! Come on! Der Progr ist 400 Meter entfernt! Maximum!
(Das ist ja auch das tolle hier in diesem kleinen Bern: alles next door, alles befreundet oder sonstwie verbandelt jaja)

Hinweg: no Prob. Hab ich doch gesagt.
Dann Rückweg, diesmal beladen mit 4 Wolfsmasken und einem grossen Plastikgartenzwerg (warum, das erklär ich ein andermal: nur soviel: Ich habe diese Sachen schon von Zürich nach Kalsruhe nach Köln nach Zürich nach Berlin nach Zürich nach Bern geschleppt und JEDESMAL aber wirklich JEDESMAL wenn ich damit unterwegs bin REGNET ES. Und ja, die Masken sind aus PAPIER und ja auch jetzt regnet es!)

Ich werde von Bauarbeitern angequatscht hast deinen Mann dabei he? Dein Plastikmann? Hehe.
Jaja immer dabei der Mann sag ich

und denk mir die haben eigentlich schon ganz schön viel verstanden von dem Grundkonflikt von dem Stück was wir gleich präsentieren werden, schade kommen die nicht.
Ich überleg mir kurz die einzuladen, schliesslich bin ich für alle ins Theater und Theater für alle egal wo, aber dann bin ich auch schon vorbei und steuere auf den Bühneneingang zu. Das weiss ich nämlich noch von vor zehn Jahren: Dass man dann da so hinten reinkann in das angsteinflössende Riesengebäude. Natürlich. Logisch. Loge.

Hallo!
Hallo?
Die Frau an der Loge schaut mich skeptisch an, aber nicht so als wär sie emotional involviert. Eher so: noch nie gesehen die Person aber ist mir auch egal weil es steht etwas wichtiges auf dem Zettel den ich gerade lese und der braucht meinen ganzen Fokus. Sie fragt mich auch nicht wohin ich will und schaut mich – nachdem ich stehen bleibe und darauf warte, dass sie mich nach einem MitarbeiterINausweis fragt oder sonst irgendwas check-mässiges – fragend an wieso ich denn nicht einfach reinlaufe. Ich bin fast ein bisschen enttäuscht weil so eine Loge das ist doch schon was also das ist also wenn man schon sowas hat so eine Grenze äh nein ein WIE SAGT MAN DEM ein Sicherheitscheck ein äh ein Ufpassen das nicht einfach jeder und jede hier reinlatscht (da hätt ich ja isi die bauarbeiter gleich mitnehmen können) und nur weil ich so ein paar Masken trage heisst das ja noch lange nicht dass

ok
wahrscheinlich sehe ich aus wie eine Kostümassistentin
ich setze also auch ein gestresstes Gesicht auf

ein Assistentinstressgesicht
das kann ich das kenn ich von früher von hier
Und sage: ich muss DRINGEND in die Mansarde.
Sie sagt: Aha. Gut.
Aha? Gut? Sie fragt nicht mal wer ich bin? Ob ich da hin darf kann soll es überhaupt ERLAUBT ist für mich. Ich bin wirklich enttäuscht. Ich dachte immer das ist so ein Bollwerk, so ein Palast, so ein untouchable VIPdings so ein du kommst da nur rein wenn du den und den kennst diese Hütte äh also dieses Stadttheater. ABER NICHTS!

Und nicht mal als ich frage wie komm ich denn dahin bitte?
Und sie merkt, dass ich keine Ahnung von dieser äh Hütte habe
sprich neu hier bin
(also fast)
nicht mal dann wird sie irgendwie skeptisch
ICH MEINE ICH KÖNNTE EINE EINBRECHERIN SEIN?
EINE SPIONIN? (remember... freie Szene...)
EINE BRANDLEGERIN EINE REVOLUTIONÄRE ZELLE EINE
Wobei, ok wer bricht ins KTB ein? Wer würde einen Flächenbrand auslösen wollen?
UND WOZU?

An dieser Stelle eine kleine Beichte: Ich habe tatsächlich was geklaut an diesem meinem ersten Tag. Und zwar eine Ähre. Ja eine Ähre. Eine FAKE-ÄHRE. Eine Fakeähre aus einem Fakeährenstrauss, der in einer Kiste in einer Ecke in einem der alle sehen gleich aus-Gänge im 1., 2. oder 3. UG (das ist es ja! so viele UGS!) stand und zu mir sprach: Nimm mich mit! Ich bin alles was du nicht willst und ich werde dich immer daran erinnern!

Ich hoffte wirklich dass die von der Oper ist. Nichts gegen die Oper. Aber da bin ich nicht so emotional involviert wie beim Theater. Und da sind die emanzipatorischen Treppen noch nicht so richtig weit hochgestiegen worden, als dass man die übelst wieder runterfallen könnte. (JA DAS IST EINE AUFFORDERUNG)

Ich hoffe wirklich dass die von der Oper ist diese Ähre.
Denn wenn ich mir vorstellte, dass ein Stück gespielt würde, in dem eine Fake-ÄHRE, also eine ÄHRE AUS PLASTIK MIT FARBE DIE SO HERGERICHTET WURDE DASS SIE MÖGLICHST SO AUSSIEHT WIE EINE ECHTE ÄHRE AUS EINEM ECHTEN FELD AUS DER REGION FÜR DIE REGION
dann würde mir der schweiss definitiv runterlaufen aus allen Poren auf den Boden des 1. 2. oder 3. UGs. Denn das würde so in seinem ganzen Wesen allem widersprechen woran ich im Theater glaube oder eben: alles repräsentieren, was ich am sogenannten klassischen Repräsentationstheater nicht mag und warum ich zehn Jahre auf anderen Booten segelte.
Okay wenn eine Person dafür bezahlt wird und dafür einen Job hat, dass sie so Ähren bastelt und anmalt, dann ok. Ein proletarisches Ok.
Aber wozu eine Ähre auf der Bühne? Noch dazu eine falsche? Wer sollte das tun?
UND WOZU? Wozu ausformulieren? Abbilden? Geld investieren für ein Abbild von etwas, was da draussen vor der Tür vor dem Fenster steht und ist? Man könnte doch einfach rausgehen? Oder zu einer Gabel sagen: Hallo, meine

liebe Ähre? Oder zu einem Nichts in der Luft: Schau da die Ähre? Und voila! Geld gespart und Phantasiemuskel trainiert. Merci.

Ausserdem und das ist es eben: WER sollte eine Ähre über die Bühne tragen? Was für eine Abbildung von einem Jetzt-Mensch würde durch eine Fake-Ähre anständig repräsentiert??
Eben.

So hoffte ich da im 1., 2., oder 3. UG mit Schweiss auf der Stirn inbrünstig, dass die Ähre aus einer vergangenen Ära stammte und in dieser Kiste lag, WEIL SIE AUSGEMUSTERT WURDE. Und dass sie nie wieder in einem Korb an einem Arm von so einem Blumenmädchen mit Körbchen über die Bühne getragen werden würde.
Von so einem lieben Ich will einmal auch Bühnenstar werden deswegen darf ich als-Deko in der grossen Inszenierung neben den Stars einmal seufzend vorbeilaufen einmal in einer vier Stunden Inszenierung über die Bühne huschen und mit der Ähre winken mit meinem eng geschnürten Kleid die Bauernromantik verkörpern die Einfachheit der Bauersleute und im schlimmsten Fall auch noch die Fruchtbarkeit-Mädchen! (und das wahrscheinlich ohne Bezahlung weil es ist eine Investition in meine grosse Zukunft hat der Mann am Chefposten gesagt)

Das mit dem Bauernmädchen ist natürlich eine Unterstellung. Aber eine durchaus berechtigte in Anbetracht der Geschichte des Theaters und der neueren dieses Hauses.
Und also hoffte und betete ich da unten im 1., 2., oder 3. UG und schlug mir mit der Ähre ein paar Mal kasteisch auf

meinen Rücken. Ich hoffte, dass die Emanzipation definitiv einzieht hier bis in den letzten Winkel jedes UGs. Allerspätestens jetzt wo die Bauernmädchenähren ausziehen. Und der Chef ausgezogen ist. Oder sagen wir ausgezogen worden ist. Und die Themenachse Theater Macht Frau Mann in den Köpfen aufgebrochen worden und jetzt ready ist fürs neu Zusammensetzen! GEIL! ICH FREU MICH!

Und also nahm ich sie mit die Ähre, um mich an all das stets zu erinnern und ein Exempel dabei zu haben. Im Falle eines Aufstandes oder so...

Und zurück in die Mansarde.
Aber WIE DENN JETZT?

In die Mansarde? Die Frau an der Loge ist noch immer nicht skeptisch. Und ich bin wirklich enttäuscht und gleichzeitig schleicht sich da ein neuer Gedanke ein: Wenn man da einfach so reinlaufen kann, dann... mhm... ich bekomme Ideen, die darüber hinausgehen Bauarbeiter mitzunehmen ... Und die was mit der Ähre zu tun haben könnten und dem kommenden Aufstand und

Jetzt unterbricht sie mich. Als ob sie meinem Gesicht angesehen hat, dass ich teuflische Dinge denke.
In die Mansarde wollen sie? OUU das ist schwierig. (Nicht schon wieder!)
Also am besten Lift runter nehmen ins 3. UG dann links dann wieder links und dann rechts und dann zum nächsten Lift und mit dem hoch in den dritten Stock. Ich bedanke mich und gehe los. Und finds doch langsam gut zu wissen,

dass man hier einfach reinlaufen kann mit einem Gummizwerg und niemand wird skeptisch.
(Vielleicht seh ich aber auch einfach zu seriös aus. Oder sie haben bei der letzten Mitarbeiterversammlung mein schreckliches Spielzeitheftfoto (Ps geschossen von einem Mann der die Achse Mann Macht Frau auch noch nicht ganz verstanden hat rumgezeigt und gesagt DAS ist die NEUE, OBACHT
mhm
wahrscheinlich nicht
schade eigentlich
ich hätte schon gerne so einen OBACHT- Ruf...

Und es kommt was kommen musste: ich irre im 3. UG herum. Viele Gänge. Graue Gänge. Scheisse. Aber das war dann eben der Moment wo ich die Ähre fand. Und fast erwischt wurde. Aber: Gott sei Dank, endlich Menschen. Hallo ich suche die Mansarde. Aha. Ja. Komm mit. Ein sehr netter Mann. Ich witzle rum um diese wir laufen in engen grauen Gängen beengende-Stimmung aufzulockern: uh das ist ganz schön kompliziert bei euch. Hab mich total verirrt. Ach was sagt er. Auch er fragt nicht nach.
Also sag ich: Ich bin eben neu hier. Aha. sagt er. Und mehr nicht. Schon wieder.
Aber dann wird ihm vielleicht die zwei unbekannte laufen in engen grauen Gängen beengende-Stimmung auch unangenehm und er fragt endlich: Was machst du denn?
Ich bin Hausautorin. Also die neue. Die neue Hausautorin.
Aha. sagt er wieder. Und lacht. Und es ist klar, er hat noch nie gehört, dass es sowas an diesem Haus gibt. Hausautorin. Hihi. Sitzt die im Haus? Wohnt die hier? Hihi.

Er bringt mich vor die Tür des Lifts. Und der Weg war WIRKLICH kompliziert, so dass ich mir kurz ernsthafte Sorgen mache, ob die Ähren den Weg überhaupt raus in die Müllabfuhr finden werden!??

Merci viaumau sag ich auf Berndeutsch und bin wirklich sehr dankbar, dass dieser liebe Mann mich gerettet hat aus den Fängen in KTB-Gängen. Er freut sich. Keis Problem. Tschühüss. Dann dreht er doch nochmal um und sagt (endlich!) wie heisst du? und ich bin mir nicht sicher ob er es einfach nett findet oder plötzlich denkt: im Fall der Fälle wäre es gut zu wissen, wer die Person ist, falls ich die fälschlicherweise in die Mansarde geführt habe und am Ende ist die eine Einbrecherin oder eine Requisitenklauerin
oder eine Brandlegerin oder sowas. Weil Hausautorin? Seriously?

Julia und du? Er lacht sehr freundlich und erleichtert, als ob mein schöner Vorname seine Skepsis weggewischt hätte und schüttelt mir die Hand. Technikabteilung sei er. Bis bald gäu. Wirklich nett. (Ich war ja schon immer am meisten Fan von den Technikern, aber das ist ein eigenes Kapitel wert)

Zurück in der Mansarde, wo meine Bühne, auf der ich mich gleich vorstellen soll, die neue Hausautorin, die fast zum ersten Mal hier und so, schon wunderschön beleuchtet strahlt und sagt: ich bin bereit für dich. Bist du bereit für uns?

Und? Weg gefunden?

Ja kein Problem sag ich. Muss mich nur noch bisschen an die Grösse gewöhnen hier. Ich lache. Sie lachen nicht die TechnikerInnen. Sie verstehen meinen Ich komme aus der freien Szene und bin zum ersten Mal an sonem fetten Haus mit so rotem Samt und goldenen Lampen und unterirdischen Gängen und Fake-Ähren-Groove nicht. Jedenfalls wundern sie sich nicht, nicht so wie ich. Sie sind ein eingespieltes Team. Sie wissen Bescheid. Sie sind organisiert. Sie sind Rädchen in einem gut funktionierenden Schiff, das (abgesehen von Reibungen an der Spitze (siehe letzte Wochen/ Monate/ Jahre) ziemlich reibungslos übers Berner Meer fährt.

Sonst kannst du nächstes Mal anrufen sagt sie noch liebevoll die Technikerin. Also nicht auf unsere Privatnummern nein das nicht (OU DA KÖNNTE SICH DIE FREIE SZENE FREIZEITTECHNISCH WAS ABSCHNEIDEN!!).
Weil weisst du hier sind überall so Telefone, siehst du die? INTERNE TELEFONE. Damit kann man überall im Haus hin anrufen. In alle Abteilungen. Und sie sagt das Wort Abteilungen so, dass klar wird, dass es SEHR viele davon gibt.
Das interne Telefonsystem. Kann man jederzeit und überall benutzen. Ganz einfach.
Jetzt bin ich definitiv beeindruckt. konzert theater bern, doch, das könnte was werden mit uns.
Aber OBACHT. Die Ähre hab ich jetzt immer dabei und über die reden wir noch.

Texte

Textaufträge

1. scienceslam-beitrag-bestellung vom theater tuchlaube aarau
2. festivaltitel-bestellung von der leitung des schlachthaus theater bern
3. bestellung eines editorial für ebendieses festival im schlachthaus theater bern
4. bestellung eines wortes für ein beintattoo, privatperson, anonym
5. bestellung eines haikus zum geburtstag des liebsten, privatperson in deutschland, befreundet mit der autorin
6. bestellung eines textes zur überwindung des dilemmas, in der bibliothek niemanden ansprechen zu können, privatperson bern, anonym
7. bestellung eines bestsellers, geschrieben in 20 minuten, bestellt am openair festival des arcs in baden, privatperson
8. ein song zum thema suppe, bestellt am openair festival des arcs in baden, privatperson
9. bestellung eines hübschen textes zum geburtstag eines jungen grünen, bestellt via den literaturdienst/ literatur für das was passiert by julia weber, anonym
10. geburtstagstext für den onkel der 75 wird, bestellt von privatperson, laut vorgelesen am geburtstag in deutschland
11. weihnachtsgeschichte zum thema zimt, bestellt in st.gallen auf dem marktplatz von einer familie
12. text zum thema lurch, weil der lurch ein unterschätztes tier ist, selbstauftrag
13. bestellung eines theatertextes für zwei figuren, weiblich, mit migrationsvordergrund zum thema schweiz, bestellt von zwei schauspielerinnen des konzert theater bern
14. gedicht zum thema sand, privatperson, hamburg
15. text für die beerdigungsfeier der geliebten mutter/ trauerbewältigungstext, thema: abschied im herbst, st. gallen marktplatz, privatperson
16. text für das „dramaturgy of deconstruction"-projekt, welches die geschichte und den umbau der alten reithalle in aarau dokumentiert, auftrag durch die herausgeberin
17. text für den hauseingang eines mietshauses in zürich city, in auftrag gegeben in einem café in zürich während eines literatur für das was passiert- events, 2 anonyme personen
18. text für das künstlerische buschtelefon zur jubiläumsfeier des PROGR in bern, reaktion auf ein bild eines grafikers, welches wiederum eine reaktion war auf einen text, usw., auftrag durch den kurator
19. text für selbstvorstellung als hausautorin am konzert theater bern

Nachwort

es gibt sie leider fast nicht mehr, diese fotos, auf denen die eine verkniffen in den himmel schaut statt strahlend in die kamera, bei der zweiten das lächeln schief im gesicht hängt und die dritte halb aus dem bild läuft. sie werden sofort gnadenlos gelöscht, damit die eigene netzhaut, die zukunft, die enkel, wasweissich, nicht mit dieser bildstörung ewig leben müssen. ich hingegen, ich liebe diese bilder: weil sie den schleier des wohlgefallens unabsichtlich zerreissen und für einen augenblick das aufscheinen lassen, was eben einfach IST: die welt, unverstellt und widersprüchlich, hässlich und schön, ein einziges grosses fragezeichen.

ein bisschen so wie diese fotos sind auch julia haennis texte: sie behaupten nie, perfekt zu sein, etwas stimmiges oder abgeschlossenes. stattdessen rasen und platzen sie voller offener fragen direkt ins universum. keine zeit, zu beschönigen, denn alles findet gerade JETZT statt, ist JETZT gedacht, gefragt, gefühlt und muss darum gerade JETZT raus, auf papier, in die sprache, ungeschönt. NO FILTER.

aus meiner erinnerung: ein, zwei fotos mit julia haenni, ungelöscht.

foto #1, juni 2019, nationaler frauen*streiktag. julia haenni mitten auf dem kiesplatz auf dem zürcher kanzleiareal, glitzer im gesicht. sie porträtiert zusammen mit der fotografin mali lazell streikende frauen*. das ist sie: eine autorin, die im getümmel steht, die feministische manifeste notiert wie andere einkaufszettel, die jugendlichen texte auf den leib schneidert, weil die eben gerade JETZT eine sprache brauchen, eine, die für den zirkus schreibt, im digitalen textkiosk texte für alle, wirklich alle, anbietet; eine, die selbst kaum luft holt, dafür einfach macht. und weil sie so viel macht, hat dieses viele auch viele formen, ist song, gedicht, rezept, märchen, liebeslied und ganz oft: theater. allerdings kommt auch im theater immer das leben dazwischen.

als julia haenni vor zwei jahren für eine spielzeit hausautorin am konzert theater bern wurde, hatte sie die idee, einen mobilen text-kiosk in der stadt aufzustellen. wo? na, auf dem markt natürlich, direkt vor dem bundeshaus. dort, wo es passiert. dort, wo alles hier und jetzt ist. dort, wo das kleine textglück kein podest braucht, keine bühne, keine hall of fame, nicht einmal einen nachhall. der text ist die kürzeste verbindung zwischen ich und du, wie ein kuss auf die wange, ein blickwechsel im bus, der wärmt, aber beim aussteigen vergessen ist. so schnell geht das alles.

julia haenni ist oft sogar so schnell, dass ihre eigenen protagonist*innen nicht mitkriegen, was gerade im text passiert. sich stattdessen anschauen und fragen: hä, was habe ich da gerade gesagt? warum check ich das einfach nicht, warum geht das nicht auf? der haenni-sprachfluss ist voller absichtlicher stolpersteine, voller ÄHs und HÄs, WHATs und SO WHATs, wie war das nochmals, wie kann das sein, bist du noch dran, sister? como? das ist natürlich alles ein trick. dass die sprache schneller wirkt als der gedanke, das muss eine autorin erst mal hinkriegen. und das ist die haenni-mache, die haenni-masche. ihr schreiben macht ein sprechen sichtbar, das wir normalerweise nicht veröffentlichen würden – weil öffentliches sprechen immer glänzen muss, möglichst schlau und unangreifbar sein soll und idealerweise sätze wie bollwerke zimmert. julia haenni hingegen lehnt sich in den wind und legt sich und ihren figuren hindernisse in die schusslinie, die sie gleich selbst wieder aus dem weg schreibt.

das haenni-wort wehrt sich nämlich gegen eine smoothe sprache, die bloss schön klingt, aber nicht in der tiefe gräbt. das fragen, stolpern, zurückspulen ist julia haennis form der kritik. im vermeintlichen unwissen und naiven nachhaken zeigt sie komplexe zustände auf: das ungelöste zwischen den geschlechtern und die grossen falscherzählungen der tradierten geschichte zum beispiel. ihre texte sind immer versehen mit dem kollektiven fragezeichen, wie denn überhaupt sein kann, was ist. wie es möglich ist, dass das frauenstimmrecht tatsächlich erst 1971 (HÄ?) eingeführt wurde, dass es immer noch nicht normal ist, dass viele und ausschliesslich frauen auf und hinter der bühne stehen (DOPPEL-HÄ) und somit nicht wie seit jahrhunderten nur im hintergrund ein herz und eine seele bilden, sondern auch ein BILD abgeben. julia haenni formt in ihrem lauf männliche und weibliche rollenbilder um, zerlegt weiblich- und männlichkeiten in stücke und sterne – aber nie so, dass wir am schluss vor ruinen stehen, sondern alle ziemlich aufgeregt auf die türe schauen, die sich hinter dem text gerade öffnet. überhaupt ist das «zusammen», das mehrstimmige ganz wichtig; das aufnehmen, abgeben, wiederholen, wegreissen, zurückerobern von sätzen, um gemeinsam um ein thema zu kreisen. das hat irgendsoeine bestsellerautorin schon mal gesagt: zusammen ist man weniger allein. aber zusammen ist man eben auch weniger dumm.

foto #2, mai 2019, theater winkelwiese zürich. late night jam session im warmen licht, wenige menschen im publikum, die bar hell erleuchtet als hintergrundkulisse. denn das ist julia haenni eben auch: nicht nur autorin, regisseurin und theaterleiterin, sondern auch performerin, eine, die sogar in ihren eigenen stücken auf der bühne steht. und an diesem späten abend treibt julia haenni den beat vor sich her und durch dieses kleine theater, singt, spricht, pendelt zwischen englisch, züri- bern- und bühnendeutsch und kreuzt dabei immer wieder das aargau. das ist nicht bloss spoken word mit sounds: sie rappt tatsächlich. und jetzt, endlich, weiss ich, warum ihre texte so klingen, wie sie klingen. she's got the music.

Fadrina Arpagaus

Die Edition dankt

Kultur
Stadt Bern

Burgergemeinde
Bern

SWISSLOS
Kultur Kanton Bern

JULIA HAENNI, geboren 1988, arbeitet als freie Autorin, Performerin und Regisseurin im deutschsprachigen Raum. Sie studierte Theaterregie an der Zürcher Hochschule der Künste sowie Theaterwissenschaft und Germanistik an den Universitäten Bern und Berlin. Sie war Stipendiatin des Dramatiker*innen-Förderprogramms *dramenprozessor*, bei dem ihr Stück "frau im wald" entstand und das in der Inszenierung des Theater Marie zum Heidelberger Stückemarkt und zum Drama Fest in Mexiko City eingeladen wurde. Das Jugendstück "Bodybild! (and now i am gonna roll myself in glitter and roll down that hill wie eine nuss im herbst)" entstand im Auftrag der Schauburg München. In der Spielzeit 2018/19 war sie Hausautorin am Konzert Theater Bern, wo sie ihr Stück "frau verschwindet (versionen)" schrieb (Literarische Auszeichnung des Kanton Bern). Sie inszeniert ihre Texte oftmals selbst oder entwickelt die Texte für ihre Inszenierungen, wie zuletzt bei ihrem neusten Stück "Don Juan. Erschöpfte Männer".

FADRINA ARPAGAUS ist Dramaturgin am Schauspielhaus Zürich. Sie arbeitete als Schauspieldramaturgin am Theater Basel, am Theater Neumarkt Zürich und leitete mehrere Jahre das Veranstaltungsprogramm des Zürcher Debattierhauses «Karl der Grosse». Bis 2019 war sie Leitende Dramaturgin am Konzert Theater Bern.

edition taberna kritika
Neuerscheinungen 2019/20

Martin Bieri
Henzi Sulgenbach
ISBN 978-3-905846-57-7

Norbert W. Schlinkert
Tauge/Nichts
ISBN: 978-3-905846-56-0

Anika Schultz / Frank Fischer
Dramenquartett
ISBN 978-3-905846-55-3

Momus
Herr F
ISBN 978-3-905846-54-6

Catherine Vidler
lost sonnets, 3rd iteration
ISBN 978-3-905846-53-9

Hartmut Abendschein
mn ltztr krnz ei ee a
ISBN 978-3-905846-52-2

Ausführliche Informationen über unsere Neuerscheinungen und das Gesamtprogramm finden Sie im Internet unter www.etkbooks.com

edition taberna kritika
Gutenbergstrasse 47
CH - 3011 Bern
Tel.: +41 (0) 77 425 2 180
info@etkbooks.com | http://www.etkbooks.com